Magos

Grace Hansen

Abdo
EL MUNDO DE LOS SERES MITOLÓGICOS
Kids

Abdo Kids Jumbo es una subdivisión de Abdo Kids
abdobooks.com

abdobooks.com

Published by Abdo Kids, a division of ABDO, P.O. Box 398166, Minneapolis, Minnesota 55439.
Copyright © 2025 by Abdo Consulting Group, Inc. International copyrights reserved in all countries. No part of this book may be reproduced in any form without written permission from the publisher.
Abdo Kids Jumbo™ is a trademark and logo of Abdo Kids.
Printed in China

052024

092024

THIS BOOK CONTAINS RECYCLED MATERIALS

Spanish Translator: Maria Puchol

Photo Credits: Alamy, Everette Collection, Getty Images, Shutterstock, ©PicturePrince p.7/ CC BY-SA 4.0

Production Contributors: Teddy Borth, Jennie Forsberg, Grace Hansen
Design Contributors: Candice Keimig, Pakou Moua

Library of Congress Control Number: 2023950277

Publisher's Cataloging-in-Publication Data

Names: Hansen, Grace, author.

Title: Magos/ by Grace Hansen

Other title: Wizards. Spanish

Description: Minneapolis, Minnesota: Abdo Kids, 2025. | Series: El mundo de los seres mitológicos | Includes online resources and index

Identifiers: ISBN 9798384902188 (lib.bdg.) | ISBN 9798384902744 (ebook)

Subjects: LCSH: Wizards--Juvenile literature. | Witches--Juvenile literature. | Magic--Juvenile literature. | Folklore--Juvenile literature. | Legends--Juvenile literature. | Spanish language materials--Juvenile literature.

Classification: DDC 398.2454--dc23

Contenido

El mito del mago

Un mago es un ser legendario y poderoso que practica magia. Los magos suelen ser amables y buenos, aunque también hay malvados.

Chamanes y druidas

La idea de mago se remonta 15.000 años atrás, cuando los **chamanes** empezaron su práctica. Más recientemente, los druidas **celtas** son los más cercanos a la figura de mago en la sociedad.

estatua
druida

Los druidas seguían los ciclos de la naturaleza. Sabían cuándo era el mejor momento para sembrar o cuándo empezar una guerra. Afirmaban ser capaces de ver el futuro.

Cuando los romanos invadieron Gran Bretaña en el 43 e.c., los druidas siguieron con su trabajo. Transmitieron sus conocimientos de **generación** en generación, pero cambió cuando el Imperio Romano cayó sobre el 400 e.c. En este momento surgió la leyenda del rey Arturo.

Los primeros magos

Algunas historias cuentan que el rey Arturo tenía un consejero especial y mágico que se llamaba Merlín. Personaje que probablemente se basó en los druidas. Es uno de los primeros magos de **ficción** más conocidos.

Como Merlín, los magos son a menudo representados como hombres **sabios** y mayores que dan buenos consejos. La palabra en inglés es *wizard*, viene de la palabra del inglés medieval *wys*, que luego fue *wise*, y que significa sabio.

Los magos suelen tener el pelo blanco, la barba larga y vestir capas. Pero lo más destacado es que tienen poderes. Normalmente nacen con la habilidad de hacer magia, pero estudian y practican para perfeccionarla.

Aunque los magos son muy poderosos, tienen límites. No pueden fácilmente solucionar todos los problemas. Muchos de sus **hechizos** son peligrosos si se hacen incorrectamente.

Los magos de hoy en día

Tras Merlín, ha habido muchos otros magos queridos. Los magos han seguido cautivando la imaginación de la gente, desde Gandalf de la saga de El Señor de los Anillos a Harry Potter.

La mitología y los magos modernos

Jafar
Aladín de Disney

- **Brujo** malvado
- Sabe cómo hacer pociones y puede ver el futuro
- Un genio le concede el deseo de ser más poderoso

Kamek
Súper Mario

- Mago que se preocupa por proteger al malvado Bowser
- Sabe muchos **hechizos** mágicos
- Puede duplicarse, volar y teletransportarse

Dr. Extraño
Personaje de Marvel

- Un talentoso médico y maestro de la magia
- Estudió con el Anciano para aprender brujería
- Puede realizar muchos hechizos, incluso la creación de **portales**

Glosario

brujo – quien tiene poderes sobrenaturales ayudado por espíritus malignos.

celta – relativo a los pueblos indoeuropeos, como los irlandeses, escoceses, galeses o bretones, y cuya lengua es el celta.

chamán – sacerdote o curandero que tiene contacto con lo sobrenatural.

ficción – que sólo existe en una historia inventada.

generación – grupo de gente que ha nacido en la misma época.

hechizo – palabra o frase que se utiliza para hacer magia.

portal – puerta mágica a otro tiempo o lugar.

sabio – tener buen juicio o entender lo que es bueno o verdadero.

Índice

Abdo Kids ONLINE

FREE! ONLINE MULTIMEDIA RESOURCES

¡Visita nuestra página **abdokids.com** para tener acceso a juegos, manualidades, videos y mucho más!

Los recursos de internet están en inglés.

Usa este código Abdo Kids

WWK1931

¡o escanea este código QR!